50道中华素食盛宴食谱

作者:凯莉·约翰逊

Table of Contents

- 麻婆豆腐（素）
- 鱼香茄子（素）
- 红烧豆腐
- 酱爆茄子
- 清炒西兰花
- 蒜蓉油麦菜
- 干煸四季豆（素）
- 香菇青菜
- 炒三丝（豆干、胡萝卜、青椒）
- 醋溜土豆丝
- 凉拌黄瓜
- 香干炒芹菜
- 素炒面筋
- 西红柿炒蛋
- 炒合菜
- 清炒菠菜
- 凉拌豆腐丝

- 酱烧冬瓜
- 红烧萝卜
- 清炒空心菜
- 炒花菜
- 蒜蓉西兰花
- 豆瓣炒豆腐
- 干锅杏鲍菇
- 南瓜炒木耳
- 香煎豆腐
- 凉拌海带丝
- 炒素什锦
- 炝拌豆芽
- 蒜香茼蒿
- 醋溜卷心菜
- 清炒小油菜
- 炒香菇豆干
- 凉拌腐竹
- 酱香茄子煲
- 糖醋莲藕

- 清炒西葫芦
- 腐乳空心菜
- 清炒芥蓝
- 炒金针菇豆腐
- 香辣豆干丝
- 蚝油生菜（素蚝油）
- 木耳炒山药
- 胡萝卜炒鸡蛋
- 清炒苋菜
- 南瓜豆腐汤
- 番茄豆腐汤
- 榨菜炒豆干
- 炒丝瓜
- 豆鼓炒苦瓜

麻婆豆腐（素）

材料：

- 嫩豆腐 1盒
- 郫县豆瓣酱 1大勺
- 姜蒜末
- 生抽、老抽、花椒粉、淀粉水
- 香葱（可选）

做法：

1. 豆腐切块，用盐水焯一下备用。
2. 锅中热油，炒香姜蒜末和豆瓣酱。
3. 加入少量水，放入豆腐炖煮5分钟。
4. 加花椒粉、老抽、生抽调味，最后用淀粉水勾芡，撒葱花出锅。

鱼香茄子（素）

材料：

- 茄子 2 根（切条）
- 姜蒜末、豆瓣酱
- 糖、醋、生抽、淀粉水

做法：

1. 茄子用少许盐腌软后擦干表面，油煎或气炸至金黄。
2. 锅中炒香姜蒜和豆瓣酱，加入糖、醋、生抽炒匀。
3. 放入茄子炒匀，加入少量水煮软。
4. 勾芡后翻炒均匀即可。

红烧豆腐

材料：

- 老豆腐1块（切块煎至两面金黄）
- 姜片、酱油、老抽、糖、料酒

做法：

1. 锅中放油，煎豆腐至金黄。
2. 加入姜片、酱油、老抽、糖、料酒。
3. 加适量热水，焖煮10分钟至入味。
4. 收汁即可。

酱爆茄子

材料：

- 茄子 2 根
- 蒜末、生抽、甜面酱或黄豆酱、糖

做法：

1. 茄子切块煎软。
2. 锅中炒香蒜末，加入酱和糖炒匀。
3. 放入茄子翻炒均匀，加入少量水焖煮收汁。

清炒西兰花

材料：

- 西兰花 1 颗
- 蒜末、盐、植物油

做法：

1. 西兰花掰小朵，焯水备用。
2. 锅热油，炒香蒜末，加入西兰花炒匀。
3. 加盐调味，略加水焖一分钟即可。

蒜蓉油麦菜

材料：

- 油麦菜 1 把
- 蒜末、盐、植物油

做法：

1. 油麦菜洗净切段。
2. 锅热油，炒香蒜末，放入油麦菜大火快炒。
3. 加盐炒匀后出锅。

干煸四季豆（素）

材料：

- 四季豆 300 克
- 蒜末、姜末、干辣椒、豆豉（可选）

做法：

1. 四季豆掐头去筋，油煎或气炸至起皱。
2. 锅中炒香蒜末、姜末、干辣椒与豆豉。
3. 加入四季豆炒匀，加盐调味即可。

香菇青菜

材料：

- 青菜 200 克
- 香菇 5 朵
- 蒜末、盐

做法：

1. 香菇切片，青菜洗净。
2. 锅热油，炒香蒜末，加入香菇炒至出香味。
3. 加入青菜快速翻炒，加盐调味。

炒三丝（豆干、胡萝卜、青椒）

材料：

- 豆干、胡萝卜、青椒各适量，切丝
- 蒜末、盐、生抽

做法：

1. 锅热油，炒香蒜末，加入胡萝卜丝炒至稍软。
2. 加入豆干和青椒丝一起炒匀。
3. 加盐、生抽调味，炒熟即可。

醋溜土豆丝

材料：

- 土豆 2 个
- 干辣椒、蒜末、白醋、盐、生抽、糖

做法：

1. 土豆切细丝，清水浸泡去淀粉。
2. 热油炒干辣椒与蒜末，加入土豆丝翻炒。
3. 加白醋、生抽、糖、盐调味，炒匀即可。

凉拌黄瓜

材料：

- 黄瓜 2根
- 蒜末、米醋、酱油、糖、辣椒油

做法：

1. 黄瓜拍碎切段。
2. 加入蒜末、米醋、酱油、糖、辣椒油拌匀即可。

香干炒芹菜

材料：

- 芹菜 200 克
- 香干（豆腐干）4 块
- 蒜末、生抽、盐

做法：

1. 香干切丝，芹菜切段。
2. 热锅炒香蒜末，放香干炒香。
3. 加芹菜翻炒，加生抽、盐调味炒熟。

素炒面筋

材料：

- 油面筋 200克（或泡发面筋）
- 青椒、胡萝卜适量
- 姜蒜、生抽、盐

做法：

1. 面筋洗净切块。青椒胡萝卜切丝。
2. 炒香姜蒜，放入面筋翻炒。
3. 加入蔬菜，调味翻炒均匀。

西红柿炒蛋

材料：

- 鸡蛋 3 个
- 西红柿 2 个
- 盐、糖、葱花

做法：

1. 鸡蛋打散炒熟盛出。
2. 炒西红柿出汁，加糖调味。
3. 倒入鸡蛋翻炒均匀，加盐撒葱花。

炒合菜

材料：

- 豆芽、胡萝卜、木耳、粉丝、韭菜
- 盐、生抽、蒜末

做法：

1. 所有材料焯水备用。
2. 热锅炒香蒜末，加入配料炒匀。
3. 加盐、生抽调味，快炒出锅。

清炒菠菜

材料：

- 菠菜1把

- 蒜末、盐、植物油

做法：

1. 菠菜洗净切段。

2. 炒香蒜末，放入菠菜快炒，加盐调味即可。

凉拌豆腐丝

材料：

- 豆腐干丝 150克
- 胡萝卜丝、香菜（可选）
- 酱油、醋、糖、香油

做法：

1. 豆腐丝焯水沥干。
2. 加配料拌匀，加入酱油、醋、糖、香油即可。

酱烧冬瓜

材料：

- 冬瓜 400 克
- 豆瓣酱或黄豆酱、生抽、糖、葱姜蒜

做法：

1. 冬瓜去皮切块。
2. 炒香葱姜蒜，加入酱炒香。
3. 加冬瓜翻炒，加水焖煮收汁即可。

红烧萝卜

材料：

- 白萝卜1根
- 姜片、酱油、糖、生抽、老抽、盐

做法：

1. 萝卜切块，过水焯一下。
2. 炒香姜片，加入萝卜翻炒。
3. 加酱油、老抽、生抽、糖炒匀，加水焖煮至入味收汁。

清炒空心菜

材料：

- 空心菜 300 克
- 蒜末、盐、植物油

做法：

1. 空心菜洗净切段。
2. 炒香蒜末，倒入空心菜大火快炒，加盐调味即可。

炒花菜

材料：

- 花菜（菜花）1颗
- 姜蒜、酱油、盐、生抽

做法：

1. 花菜掰小朵焯水备用。
2. 炒香姜蒜，加入花菜翻炒。
3. 加酱油、生抽、盐炒匀即可。

蒜蓉西兰花

材料：

- 西兰花 1 颗
- 蒜末、盐、植物油

做法：

1. 西兰花掰小朵焯水备用。
2. 炒香蒜末，倒入西兰花翻炒。
3. 加盐调味即可。

豆瓣炒豆腐

材料：

- 老豆腐或北豆腐 1 块
- 郫县豆瓣酱、蒜末、酱油、糖

做法：

1. 豆腐切块，煎至两面金黄。
2. 炒香蒜末与豆瓣酱，加入豆腐翻炒。
3. 加糖、生抽调味，焖几分钟收汁。

干锅杏鲍菇

材料：

- 杏鲍菇 2 根

- 干辣椒、花椒、蒜片、豆瓣酱、酱油

做法：

1. 杏鲍菇切条干煎出水，盛出备用。

2. 炒香干辣椒、花椒、蒜片，加入杏鲍菇翻炒。

3. 加豆瓣酱、酱油调味，翻炒均匀收汁。

南瓜炒木耳

材料：

- 南瓜 200 克
- 黑木耳 50 克（泡发）
- 蒜片、盐、酱油

做法：

1. 南瓜去皮切薄片，木耳撕小块。
2. 炒香蒜片，加入南瓜翻炒，加少量水焖一会。
3. 加入木耳、酱油、盐炒匀即可。

香煎豆腐

材料：

- 嫩豆腐或老豆腐 1 块
- 生抽、盐、香油

做法：

1. 豆腐切厚片，表面擦干水分。
2. 平底锅加少许油，将豆腐煎至两面金黄。
3. 加生抽、盐炒匀，起锅淋香油。

凉拌海带丝

材料：

- 海带丝 200 克（焯水备用）

- 蒜末、香醋、酱油、糖、香油、辣椒油

做法：

1. 海带丝焯水后晾凉。

2. 加调料拌匀即可。

炒素什锦

材料：

- 胡萝卜、青椒、玉米、豌豆、蘑菇、豆腐干等多种蔬菜
- 蒜末、盐、生抽、植物油

做法：

1. 各种蔬菜洗净切适当大小备用。
2. 热锅加油炒香蒜末，先放硬质蔬菜如胡萝卜翻炒。
3. 依次加入其他蔬菜快速翻炒，加盐和生抽调味，炒匀即可。

炝拌豆芽

材料：

- 绿豆芽 300克

- 蒜末、香油、醋、盐、辣椒油

做法：

1. 豆芽焯水后迅速过凉。

2. 加入蒜末、香油、醋、盐和辣椒油拌匀即可。

蒜香茼蒿

材料：

- 茼蒿 300 克
- 蒜末、盐、植物油

做法：

1. 茼蒿洗净切段。
2. 热锅加油炒香蒜末，加入茼蒿快速翻炒，加盐调味即可。

醋溜卷心菜

材料：

- 卷心菜 300 克
- 蒜末、醋、生抽、盐、糖

做法：

1. 卷心菜切丝。
2. 炒香蒜末，加入卷心菜丝翻炒。
3. 加醋、生抽、盐、糖快速翻炒均匀，出锅即可。

清炒小油菜

材料:

- 小油菜 300 克

- 蒜末、盐、植物油

做法:

1. 小油菜洗净切段。

2. 炒香蒜末,加入小油菜翻炒,加盐调味出锅。

炒香菇豆干

材料：

- 香菇 150 克
- 豆干 150 克
- 蒜末、生抽、盐

做法：

1. 香菇切片，豆干切条。
2. 炒香蒜末，加入香菇翻炒。
3. 加入豆干，生抽、盐调味，炒匀即可。

凉拌腐竹

材料：

- 腐竹150克（泡发）

- 蒜末、醋、酱油、辣椒油、香油

做法：

1. 腐竹泡发后焯水，切段。

2. 加入蒜末、醋、酱油、辣椒油和香油拌匀即可。

酱香茄子煲

材料：

- 茄子 2 根
- 豆瓣酱、蒜末、生姜、葱、糖、生抽

做法：

1. 茄子切块，稍炸或煎至软。
2. 炒香蒜末、生姜、葱，加入豆瓣酱炒香。
3. 加入茄子，加糖、生抽，焖煮入味即可。

糖醋莲藕

材料：

- 莲藕 300 克
- 白糖、醋、生抽、盐、淀粉

做法：

1. 莲藕去皮切片，焯水备用。
2. 调制糖醋汁：白糖、醋、生抽、盐和少量水调匀。
3. 热锅加油炒莲藕片，倒入糖醋汁，勾芡收汁即可。

清炒西葫芦

材料：

- 西葫芦 300 克
- 蒜末、盐、植物油

做法：

1. 西葫芦洗净切片。
2. 炒香蒜末，加入西葫芦快速翻炒，加盐调味即可。

腐乳空心菜

材料：

- 空心菜 300克
- 腐乳（豆腐乳）2块
- 蒜末、植物油

做法：

1. 空心菜洗净切段。
2. 将腐乳碾碎，与少许腐乳汁调匀。
3. 炒香蒜末，加入空心菜快速翻炒，倒入腐乳汁翻炒均匀。

清炒芥蓝

材料：

- 芥蓝 300 克

- 蒜末、盐、植物油

做法：

1. 芥蓝洗净切段。

2. 炒香蒜末，加入芥蓝大火快炒，加盐调味即可。

炒金针菇豆腐

材料：

- 金针菇 150 克
- 豆腐（北豆腐或老豆腐）150 克
- 蒜末、生抽、盐

做法：

1. 豆腐切块，稍煎至金黄。
2. 炒香蒜末，加入金针菇翻炒，倒入豆腐炒匀，加生抽、盐调味。

香辣豆干丝

材料：

- 豆干 150 克
- 干辣椒、花椒、蒜末、生抽、盐

做法：

1. 豆干切丝。
2. 炒香蒜末、干辣椒和花椒，加入豆干丝快速翻炒，调入生抽、盐。

蚝油生菜（素蚝油）

材料：

- 生菜 300 克

- 素蚝油（蘑菇蚝油）、蒜末、植物油

做法：

1. 生菜洗净沥干。

2. 炒香蒜末，加入生菜快速翻炒，淋入素蚝油调味即可。

木耳炒山药

材料：

- 木耳 50克（泡发）
- 山药 200克
- 蒜末、盐、植物油

做法：

1. 山药去皮切片，木耳撕小块。
2. 炒香蒜末，加入山药和木耳翻炒，加盐调味。

胡萝卜炒鸡蛋

材料：

- 胡萝卜 150 克
- 鸡蛋 3 个
- 盐、植物油

做法：

1. 胡萝卜切丝，鸡蛋打散加少许盐。
2. 先炒鸡蛋成型盛出。
3. 炒胡萝卜丝至软，加盐调味，倒入鸡蛋快速炒匀即可。

清炒苋菜

材料：

- 苋菜 300 克

- 蒜末、盐、植物油

做法：

1. 苋菜洗净，切段备用。

2. 热锅加油炒香蒜末，加入苋菜大火快炒，加入盐调味，炒至熟软即可。

南瓜豆腐汤

材料：

- 南瓜 200 克
- 嫩豆腐 150 克
- 姜片、盐、葱花、水

做法：

1. 南瓜去皮切块，豆腐切小块。
2. 锅中加水煮开，放入南瓜煮软。
3. 加入豆腐和姜片，煮5分钟，加盐调味，撒葱花出锅。

番茄豆腐汤

材料：

- 番茄 2 个
- 嫩豆腐 150 克
- 姜丝、盐、葱花、水

做法：

1. 番茄洗净切块，豆腐切小块。
2. 锅中加水烧开，放入番茄煮软。
3. 加入豆腐和姜丝，煮几分钟，加盐调味，撒葱花即可。

榨菜炒豆干

材料：

- 榨菜 100 克
- 豆干 150 克
- 蒜末、辣椒（可选）、生抽、盐

做法：

1. 榨菜切丝，豆干切条。
2. 热锅加油炒香蒜末和辣椒，加入豆干翻炒。
3. 加入榨菜丝，调入生抽和盐，炒匀即可。

炒丝瓜

材料：

- 丝瓜 300 克
- 蒜末、盐、植物油

做法：

1. 丝瓜去皮切片。
2. 热锅加油炒香蒜末，加入丝瓜片翻炒，加盐调味，炒软即可。

豆鼓炒苦瓜

材料：

- 苦瓜 200 克
- 豆豉 1 大勺
- 蒜末、盐、植物油

做法：

1. 苦瓜去籽切薄片，豆豉稍洗净备用。
2. 炒香蒜末，加入豆豉炒香。
3. 加入苦瓜片翻炒，加盐调味，炒至苦瓜熟软即可。

www.ingramcontent.com/pod-product-compliance
Lightning Source LLC
LaVergne TN
LVHW081330060526
838201LV00055B/2549